Résous t[illegible]

Qui est le coupable ?

Jim Sukach

Le Ballon

ISBN 90 374 3193 3
D - MM - 4969 - 29

Adaptation française: Max Bausart / Mol et SPIP / Bruxelles.

Titre original: Baffling Whodunit Puzzles (c) 1996 James Richard Sukach.
Publié pour la première fois aux États-Unis en 1997 par Sterling Publishing Company, Inc. USA.

Publié en accord avec Sterling Publishing Company, Inc.

Table des matières

Le Dr Résoutou

Le Dr Jules-Léon Résoutou est professeur de criminologie. Il a pris très tôt sa retraite à la police et, aujourd'hui, quand il ne donne pas cours à l'université, il met ses talents de fin limier au service d'agences policières et de nombreux détectives privés.

Il connaît parfaitement son métier, c.-à-d. résoudre des énigmes policières. Il étonne tout le monde par sa perspicacité et par le nombre d'affaires criminelles qu'il résout. “Mieux on connaît la psychologie des gens et les choses de la vie, plus le problème est facile à résoudre”, explique-t-il.

Son fils Junior, qui adore apprendre, suit ses traces avec succès et fait preuve de beaucoup d'astuce.

Toi aussi, tu pourras élucider ces mini-énigmes si tu les lis très attentivement et, bien sûr, si tu fais travailler tes petites cellules grises. Bonne chance, apprenti détective!

Les voleurs du VTT rouge

Les voleurs de bicyclette agirent avec rapidité et beaucoup d'audace. Des témoins virent le camion s'approcher de l'emplacement des bicyclettes. Deux jeunes gens en sortirent, ont coururent vers les bicyclettes et se dirigèrent tout de suite vers le VTT rouge, le vélo le plus cher. L'un des deux sectionna la chaîne à l'aide d'une grosse cisaille et l'autre retourna en courant avec le vélo vers le camion. Il lança le vélo dans le coffre et le camion disparut aussitôt. Le tout ne dura pas plus de deux minutes.

La police rassembla quelques personnes des environs qui possédaient un camion semblable à celui qui fut utilisé par les voleurs. L'un d'eux fut interrogé par Résoutou. Il s'appelait Santal et demanda: "Pourquoi suis-je ici? Je n'ai rien fait."

"Qu'est-ce que le policier t'a raconté, Santal?" demanda Résoutou.

"Il m'a dit qu'une bicyclette avait été volée à l'école, c'est tout. Il n'a pas dit pourquoi ils croient que c'est moi le voleur. Je n'ai pas été dans les environs de l'école aujourd'hui. J'ai un camion. Pourquoi j'aurais besoin d'un VTT? De toute façon, qui a dit que c'était moi?" Santal était furieux d'être soupçonné.

"Tu as un camion noir, Santal?" demanda Résoutou.

"Oui, mais beaucoup de gens ont un camion noir", répliqua Santal.

"Qui t'a aidé à voler les bicyclettes?" demanda

Résoutou. Santal fut abasourdi par la brutalité de la question.

Pourquoi Résoutou est-il convaincu de la culpabilité de Santal?

L'enlèvement de Quentin

Marc Loseille appela Résoutou, qui se rendit immédiatement chez lui. Marc lui expliqua ce qui lui était arrivé.

"Il y a trois jours, j'ai reçu un coup de fil. C'était mon neveu, Quentin Lecoquint. Il semblait avoir peur et il me raconta qu'il avait été enlevé. Il me dit que les ravisseurs demandaient que je dépose la somme de un million de francs à un endroit déterminé du parc, faute de quoi il serait tué. Je rassemblai l'argent aussi vite que possible et je me rendis au parc, situé à environ 60 kilomètres au sud de la ville. Je ne vis personne dans le parc, je déposai donc l'argent et je retournai à la maison, espérant que Quentin serait sain et sauf. J'étais sur le point de rentrer dans la maison, lorsque Quentin apparut. Il courut vers moi, me serra dans ses bras et me remercia d'avoir payé la rançon. Il me raconta que le ravisseur avait ramassé l'argent et qu'il l'avait libéré. Ensuite nous sommes entrés dans la maison et nous avons appelé la police.

La police arriva tout de suite et Quentin leur raconta ce qui était arrivé. Quentin les conduisit même jusqu'au motel, au nord de la ville, où il avait été séquestré jusqu'au paiement de la rançon. La police n'a arrêté personne jusqu'à présent et je commence à trouver toute cette histoire un peu louche. C'est pourquoi je vous ai appelé. Pouvez-vous m'aider?"

“Oui, je crois bien, à condition que Quentin n’ait pas déjà quitté la ville avec votre argent”, répondit Résoutou.

Pourquoi Résoutou soupçonne-t-il Quentin?

Vol à main armée

L'employé de banque était incapable de donner une description précise du malfrat. Il était grand, portait un manteau foncé et un passe-montagne. Il tenait un revolver argenté dans la main droite.

Un autre témoin, qui se trouvait devant la banque, avait donné une description similaire, mais d'après lui le suspect tenait son arme de la main gauche. Il avait aussi relevé le numéro de plaque de la voiture. La voiture appartenait à Bobby Bandido. La police le trouva chez lui et l'amena au commissariat pour l'interroger. Résoutou l'attendait.

"Je n'ai pas dévalisé de banque", protesta Bobby. "J'étais chez moi, en train de regarder la télé."

"Un témoin a vu ta voiture et a relevé ta plaque minéralogique, Bobby", répondit Résoutou.

"Je viens de signaler que ma voiture a été volée, je ne pouvais donc pas la conduire", dit Bobby. "Vous ne pouvez rien prouver."

"Peut-être bien, peut-être pas. Nous devrons donc rechercher ta voiture."

"De plus," poursuivit Bobby, "vous savez que je suis gaucher. Demandez à l'employé de banque de quelle main le voleur tenait son arme. Je répète, ce n'est pas moi et vous ne pouvez rien prouver."

"Eh bien, Bobby, tu viens de répondre à une de mes questions. Tu es bien malin, mais je crois que nous pouvons prouver que tu as commis ce hold-up", dit Résoutou.

Pourquoi Résoutou est-il sûr d'avoir trouvé le coupable?

Histoire d'armes

La station-service se trouvait près de la voie rapide mais, à part ça, elle était isolée. En fait, elle venait d'être attaquée pour la troisième fois. Louis Lapoisse était à chaque fois de service. Cette fois-ci, on fit appel à Résoutou pour mener l'enquête.

Arrivé sur place, Résoutou demanda à Louis d'expliquer ce qui s'était passé.

"J'étais ici au comptoir," dit Louis, "quand le type dans la voiture bleue est arrivé. Il a fait le plein et puis il s'est rendu ou comptoir, comme pour payer. Mais, en entrant, il a tiré son arme. Je n'ai pas paniqué car ce n'est pas la première fois qu'on me braque. Il m'a dit de donner l'argent, il l'a pris et puis il s'est enfui. J'ai tout de suite pris le revolver du patron et je me suis lancé à sa poursuite. Il quittait la station-service au moment où je sortais. J'ai essayé de tirer mais j'avais oublié d'enlever la sûreté. Il a de la chance de m'avoir échappé cette fois-ci. Je l'avais vraiment dans ma ligne de mire!" explique Louis.

"Tu es vraiment sûr que tu sais manier une arme à feu, Louis?" demanda le détective.

"Bien sûr que je m'y connais, je tire souvent. Je n'allais pas vraiment l'abattre. Je visais ses pneus", répondit Louis.

"Ce que tu connais peut-être très bien, c'est l'endroit où est caché l'argent du hold-up et peut-être aussi des deux hold-up précédents", déclara Résoutou.

Pourquoi Résoutou soupçonne-t-il Louis?

Les téléviseurs disparus

Jules Résoutou arriva au magasin d'appareils électroménagers dans la matinée. Le directeur l'attendait déjà sur le pas de la porte.

"Il me manque plusieurs téléviseurs ces derniers temps. Je crois qu'ils ont été volés", expliqua le directeur.

"Est-ce que vous avez une idée du coupable?" demanda Résoutou.

"Oui, j'ai constaté que les vols se produisaient toujours dans la soirée, au moment où il n'y a que deux employés dans le magasin. Chaque fois que Tom et David sont de service, un téléviseur disparaît. Je crois qu'un des deux vole les appareils, mais je ne sais pas lequel. Je crois que c'est Tom, mais au début je croyais que c'était David", dit le directeur.

"Pourquoi soupçonnez-vous Tom?"

"Eh bien, j'ai parlé avec chacun d'eux. Quand ils sont à deux tout seuls dans l'immense entrepôt, ils

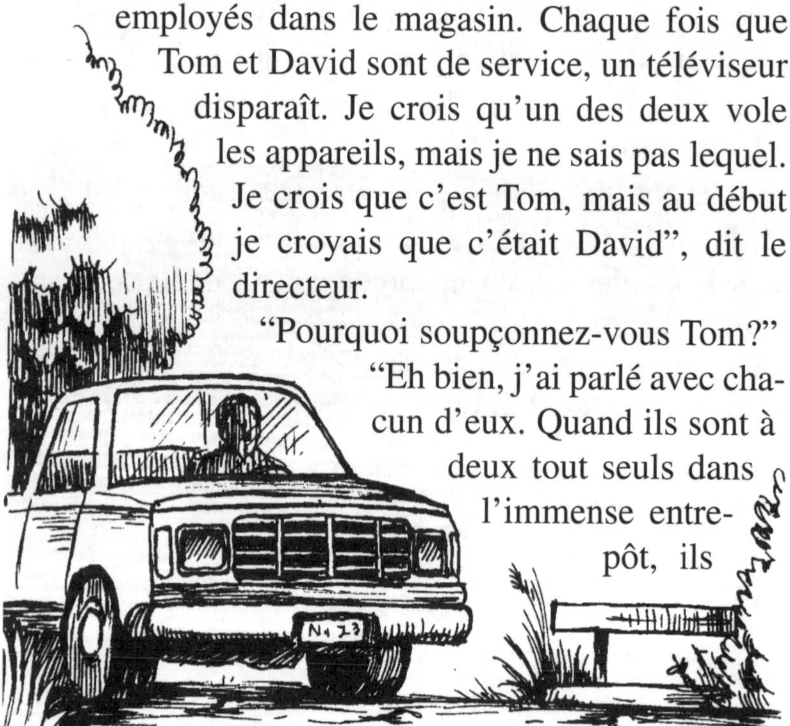

peuvent être chacun d'un côté et ne pas se voir pendant une heure ou deux. Tom a déclaré ne rien avoir remarqué de suspect, mais David m'a dit que l'autre soir, il a vu Tom charger quelque chose dans le coffre de sa voiture."

"Eh bien, allons voir Tom", dit Résoutou.

"Le voilà justement qui arrive", dit le directeur en voyant un pick-up rouge s'engager sur le parking.

"Tout bien réfléchi, on ferait mieux de demander à David ce qu'il a fait des téléviseurs", dit le détective.

Pourquoi Résoutou soupçonne-t-il subitement David?

Mise en scène au supermarché

Jules Résoutou s'engagea sur le parking d'un petit supermarché. Vigilant comme toujours, il remarqua qu'un homme dans le magasin pointait une arme vers l'employé et qu'un autre homme avait les bras levés au ciel. Résoutou gara sa voiture à l'extrémité du parking, hors de la vue des trois hommes dans le magasin. Il prit son mobilophone pour avertir la police du vol qui était en train d'être commis.

Il craignit que quelqu'un soit blessé s'il attendait l'arrivée de la police, c'est pourquoi il décida de se rendre vers le magasin, son arme à portée de la main, mais hors de vue.

Quand il entra dans le magasin, tout paraissait normal. L'employé était derrière son comptoir. Un homme était au comptoir, en face de l'employé, comme s'il était en train d'acheter quelque chose. Le troisième homme était exactement derrière le second. Il se trouvait au bout d'un rayon, en train d'examiner des articles du rayon, mais sans tourner le dos aux deux autres.

La sirène de la voiture de police retentit tout à coup. Les trois hommes levèrent la tête vers la porte et vers Résoutou. Celui-ci pointait son arme vers l'homme qui se trouvait près des rayons.

Comment Résoutou a-t-il démasqué le voleur?

QUICK

Les campeurs

“Le supermarché a été cambriolé très tôt le matin. Au moment où le directeur arriva au supermarché, il vit une voiture s’éloigner. Lorsqu’il découvrit que le magasin avait été cambriolé, il nous appela et donna une description de la voiture, avec le numéro de la plaque minéralogique. Nous avons retrouvé la voiture à environ 2 kilomètres d’ici, mais c’est une voiture volée. Il n’y a que la forêt à cet endroit-là”, dit l’officier de police à Résoutou. “Nous y avons trouvé deux individus. L’un d’eux doit forcément être le voleur. Nous les avons conduits au commissariat, mais l’interrogatoire n’a rien donné.”

“Vous ont-ils dit ce qu’ils faisaient dans la forêt?” demanda Résoutou.

“Oui, ils ont tous deux répondu qu’ils faisaient une randonnée de quelques jours. Nous avons trouvé un bivouac dont chacun prétendait que c’était le sien. Il y avait tout juste une petite tente, de la nourriture et un feu de camp éteint. Nous ne savons pas qui a menti.”

“Et les empreintes sur les affaires du camp?” suggéra Résoutou.

“Nous avons trouvé des empreintes des deux suspects sur différents objets. Ils déclarent tous deux s’être absentés souvent du camp. L’autre est arrivé et a probablement touché à tout”, répondit l’officier. “Je ne crois pas qu’ils sont de connivence, car rien ne semble prouver qu’ils se connaissent.”

"Nous les avons fouillés," ajouta l'officier, "mais sans résultat. Durant avait un portefeuille, un canif, un peu de monnaie, un peigne, des allumettes et du chewing-gum en poche. Dupont avait un portefeuille, des pastilles de menthe, un peigne, un canif et des aspirines."

Résoutou dit: "Pour l'instant, je dirais que Dupont me paraît le plus suspect des deux. Tâchez donc de savoir si quelqu'un était au courant de son séjour dans la forêt."

Pourquoi les soupçons de Résoutou se portent-ils vers Dupont, plutôt que vers Durant?

Le voleur de l'usine de jouets

"Le garde m'a appelé tôt ce matin. Il m'a dit qu'un vol avait été commis ici, dans mon usine de jouets." Voilà ce que raconta Edouard Elfe à Résoutou qui venait d'arriver.

"Parlons d'abord au garde", dit Résoutou.

"Je me trouvais du côté est du bâtiment, pour vérifier les portes, quand j'ai entendu un bruit. On aurait dit un craquement venant du côté ouest du bâtiment, près des bureaux. Je me suis tout de suite rendu ici et j'ai vu que le coffre dans le bureau avait été ouvert et qu'il était vide. J'ai aussi vu quelqu'un monter dans une voiture, dehors, mais j'étais ébloui par le soleil, ce qui fait que je ne peux pas donner de description détaillée", expliqua le garde.

"Combien d'argent a été volé du coffre?" demanda Résoutou au garde.

"Je ne sais pas combien d'argent il y avait, mais c'était certainement beaucoup", répondit le garde.

"Apparemment le voleur s'est enfui", dit M. Elfe. "Mais on dirait qu'il savait exactement où se trouvait l'argent et qu'il savait comment s'enfuir alors que le garde se trouvait dans l'usine même."

"Sauf, bien entendu, si le garde est de mèche", dit Résoutou.

Pourquoi Résoutou soupçonne-t-il le garde?

Le suspect à la clé

“Apparemment quelqu’un a dû avoir la clé de mon coffre-fort mural”, dit Albert Cadenas à Résoutou. “Mais je ne sais où ils ont pu se la procurer. La clé ne quitte jamais mon trousseau”, dit-il. Il avait découvert le vol en rentrant tôt ce matin. Il appela Résoutou, qui se rendit immédiatement sur place.

“Est-ce que vous prêtez parfois vos clés à quelqu’un?” demanda Résoutou.

“Oui, en effet. Deux personnes, Jean et Rémy ont utilisé le camion pour livrer des colis. Ils travaillent tous deux pour moi. Ils prennent parfois le camion, mais ils reviennent toujours après chaque course. De plus, mon bureau est fermé. Ils n’y sont jamais entrés; c’est toujours moi qui me rends dans le magasin. J’aime conserver un peu de vie privée”, expliqua M. Cadenas.

Lorsque Jean et Rémy se rendirent au travail, Résoutou les interrogea séparément. Il leur dit la même chose. “Le coffre de M. Cadenas a été cambriolé hier ou cette nuit. Est-ce que vous savez quelque chose?”

Rémy répondit: “Son bureau est toujours fermé. Il me donne quelquefois ses clés, mais je ne suis pas entré dans son bureau et je n’ai pas cambriolé son coffre!”

Jean répondit: “Qu’est-ce que croyez? Vous pensez que j’ai copié ses clés et que je me suis introduit ici cette nuit? Regardez-moi ce trousseau! Je ne saurais même pas quelle clé sert au coffre!"

"Eh bien," dit Résoutou, "nous avons un bon suspect à présent."

Qui? Pourquoi?

Compte les indices!

Lorsque Résoutou se rendit à la banque, il vit une voiture s'arrêter dans le virage, en face de celle-ci. Le conducteur sortit de la voiture sans fermer la portière à clé. Il regarda à gauche et à droite en se dirigeant vers la banque. Il portait un blouson brun et une chemise bleue qui dépassait du blouson. Sa main droite était dans la poche de son ample pantalon et, de la main gauche, il tenait un petit bout de papier. Il portait, en outre, une casquette de base-ball verte et il baissa la tête lorsqu'il entra dans la banque.

Résoutou le suivit et l'observa. L'homme se plaça dans la queue devant un guichet. Résoutou vit l'expression terrifiée de l'employée de banque et quand celle-ci remit un grand sac à l'homme, Résoutou fit signe au garde qu'il connaissait, et il tira lui-même son arme.

En quittant le guichet, l'homme vit deux pistolets pointés sur lui. L'arme du garde à la hauteur de son visage et le pistolet de Résoutou qui visait son cœur. Il déposa le sac avec l'argent, sortit doucement son pistolet de sa poche en le tenant par deux doigts et le déposa par terre.

Quels indices ont décidé Résoutou à agir?

UNITED NATI
12 11 AVE

Le menteur incendiaire

Le capitaine Néon alluma le phare giratoire rouge qui était raccordé au tableau de bord et mit en marche la sirène en faisant rapidement demi-tour. Le capitaine et Résoutou étaient en route pour interroger un suspect lorsque la radio de bord leur communiqua qu'une maison était en feu.

Ils arrivèrent juste après les deux voitures de pompiers et une voiture de la police. Une autre voiture de police les rejoignit. Le conducteur coupa sa sirène et deux policiers sortirent de la voiture. La partie arrière de la maison était en feu et les flammes dépassaient le toit. Les pompiers sortaient de la maison par la porte d'entrée et portaient un corps. Lorsqu'il constata que l'homme avait reçu une balle dans la poitrine, le capitaine Néon commença son enquête.

Un expert arriva lorsque le feu fut éteint. Il expliqua qu'une bombe incendiaire avait été utilisée pour allumer un feu près de la porte arrière. Le capitaine Néon avait envoyé ses hommes interroger les voisins pendant que lui-même et Résoutou se rendaient chez le voisin d'en face.

Ils sonnèrent et attendirent plusieurs minutes avant de voir enfin un homme les épier par la fenêtre. Le dernier ouvrit la porte. Il était en pyjama.

Le capitaine Néon produisit son badge et dit: "Désolé de vous déranger, mais on aimerait vous poser quelques questions à propos de l'incendie."

En voyant les voitures de pompiers de l'autre côté de la rue, l'homme s'écria: "Mon Dieu! Je ne sais rien à propos de cet incendie. Vous venez de me réveiller. Je travaille la nuit et je dors le jour, mais je suis à vous pour répondre à vos questions."

"Pourquoi avez-vous assassiné votre voisin?" demanda Résoutou.

Pourquoi Résoutou soupçonne-t-il le voisin?

L'affaire Justin Case

Le magasin de quartier avait été dévalisé tard la veille. Le seul vendeur de service, Justin Case, raconta à Résoutou ce qui s'était passé.

"Je me trouvais ici au comptoir lorsqu'un homme de grande taille est entré. Il s'est tout de suite dirigé vers le comptoir et m'a attrapé par le cou des deux mains. Il m'a attiré vers lui et m'a soulevé au-dessus du comptoir. Puis il m'a jeté par terre. J'ai perdu mes lunettes et je me suis cogné la tête. Pendant que je gisais par terre, il a contourné le comptoir et a pris tout l'argent de la caisse. En sortant du comptoir, il a vu mes lunettes par terre et il les a écrasées délibérément. Ensuite, il s'est mis à rire et est parti en emportant l'argent."

"Peux-tu me donner une description de l'homme?" demanda Résoutou.

"Non, je ne peux pas, sauf qu'il était très grand. Je vous ai dit qu'il a cassé mes lunettes et je ne vois pas grand-chose sans elles", répondit Justin au détective.

"Je crois que tu as inventé cette histoire, Justin Case. Ton compte est bon. Raconte-moi à présent ce que tu as fait de l'argent", dit Résoutou.

Pourquoi Résoutou soupçonne-t-il Justin Case?

Des diamants et de l'or

"Nous avons retenu deux suspects, M. Résoutou", dit l'agent de police. "On dirait que la porte a été forcée au moyen d'un pied-de-biche mais, en l'examinant de près, on constate que les dégâts ne sont pas suffisants pour l'ouvrir. On a certainement utilisé une clé. Les deux employés qui travaillaient ce soir-là, Marc et Léonard, sont les seules personnes à avoir une clé."

"Qu'est ce qui a été volé?" demanda Résoutou.

"Surtout des bagues serties de diamants. C'est bizarre, on dirait qu'ils ont pillé l'endroit, mais ils n'ont pas vu que le tiroir du dessous contenait un lot de bagues en or qui venait d'arriver. Rien que l'or vaut plus que les diamants volés et les bagues sont difficilement identifiables."

Résoutou demanda à parler séparément avec Marc et Léonard. Il vit d'abord Marc.

"Hier soir, j'ai quitté la bijouterie avant Léonard qui assurait la fermeture. Tout était en ordre quand je suis parti", dit Marc.

S'adressant à Léonard, Résoutou dit: "Donc Léonard, tu étais le dernier à quitter la bijouterie, hier soir?"

"Oui. J'ai fermé le magasin, puis Marc est parti. J'ai encore rangé ce lot de bagues, et je suis sorti à mon tour. Je suis sûr que tout était bien fermé. Je jure que je n'ai rien pris", plaida Léonard.

Résoutou se tourna vers l'agent de police et dit: "Vous pouvez arrêter Marc. Je crois qu'il a une confession à faire."

Pourquoi Résoutou soupçonne-t-il Marc?

Rouget-Blain, avocats

L'averse cessa au moment où Résoutou s'engagea dans le parking couvert. Le gardien venait d'encaisser un paiement lorsqu'ils entendirent tous deux un coup de feu qui semblait venir de l'étage supérieur. Ils y trouvèrent, en effet, le corps d'un homme qui venait d'être abattu. Personne d'autre ne se trouvait sur les lieux. "Savez-vous qui c'est?" demanda Résoutou à l'employé.

"Oui, c'est Greg Rouget, il est avocat et fait partie du bureau d'avocats Rouget-Blain. Leur bureau se trouve dans ce bâtiment", dit l'employé.

"Appelez la police. Je vais voir s'il y a quelqu'un dans leur bureau", dit Résoutou.

Arrivé au bureau d'avocats, il frappa et entra sans attendre. Un homme se trouvait dans le bureau, en train d'éponger une grande flaque d'eau. Probablement de l'eau de pluie entrée par la fenêtre ouverte.

"Bonjour", dit le détective. "Êtes-vous M. Blain?"

"Oui, c'est moi. Pourquoi? Que se passe-t-il?" répondit l'homme en clignant nerveusement des yeux.

"Je suis Jules Résoutou et j'ai une mauvaise nouvelle. Votre partenaire, M. Rouget, vient d'être assassiné."

"Oh non! Que s'est-il passé?" s'écria M. Blain.

"Quelqu'un vient de l'abattre dans le parking", dit le détective.

"Je vois", dit M. Blain.

"Êtes-vous ici depuis longtemps, M. Blain?" demanda Résoutou.

"Oui, je suis assis à mon bureau depuis une heure au moins. Vous ne me soupçonnez quand même pas?" demanda M. Blain.

"Si, je crains bien que je vous soupçonne, M. Blain. Votre alibi ne tient pas debout."

Pourquoi Résoutou ne croit-il pas M. Blain?

Dany D. Bernez et Denis Kilafait

Ses amis l'appelaient Dany ou Dany D., mais son véritable nom était Daniel David Bernez. Il était mort. Apparemment, quelqu'un l'avait abattu par derrière, avait pris son portefeuille et s'était enfui dans une décapotable bleue. C'est ce que déclarèrent deux témoins qui avaient vu l'agression depuis l'autre côté de la rue. La police arrêt dans les parages un suspect qui conduisait une décapotable bleue. Il s'appelait Denis Kilafait. L'ami de Dany.

Résoutou commença son interrogatoire. "Eh bien, Denis, Dany D. a été assassiné. Des témoins ont déclaré que l'assassin conduisait une décapotable bleue comme la tienne. Tu te trouvais dans les parages. Ça ne se présente pas bien pour toi. Qu'as-tu à dire à ce sujet?"

"Je n'ai rien à dire. J'étais juste en train de faire une promenade. Je ne sais rien à propos d'un assassinat. Il y a beaucoup de voitures comme la mienne", dit Denis.

"Tu roules souvent par ici, Denis?" demanda Résoutou.

"Je me promène à beaucoup d'endroits. Mais je n'étais pas dans les environs de la maison de Dany D., hier soir. J'étais au moins à 10 kilomètres de là quand la police m'a arrêté. Je n'ai jamais été plus près que ça. Je ne l'ai même pas vu hier soir. De toute façon, ça ne vaut pas la peine de le voler. Je me promenais dans ma décapotable", déclara Denis.

"Eh bien," dit le détective, "si tu ne sais rien et si tu n'étais pas dans les parages, tu ne pourrais pas avoir commis l'assassinat."

"C'est exact", répondit Denis.

"Mais je ne te crois pas. Je crois que tu as tué Dany D.", dit Résoutou avec conviction.

Pourquoi croit-il que Denis a commis le crime?

Vol à l'heure du déjeuner

Lorsque Résoutou poussa sur le bouton de sonnette de la résidence "Picasso", le sergent Jessica Fèmouche vint lui ouvrir. Ils se saluèrent et le sergent Fèmouche raconta ce qu'elle savait du vol d'un tableau de très grande valeur. "Les Jacquard sont partis pour le week-end. Les seules personnes présentes ici, pour autant que nous sachions, sont la servante et le chauffeur", dit le sergent.

Résoutou demanda: "Quand le vol a-t-il eu lieu?"

"Il doit avoir eu lieu entre 13h00 et 13h30. La servante et le chauffeur ont déjeuné ensemble jusqu'à 13 heures dans la salle à manger, où pendait le tableau. La servante a déclaré avoir constaté la disparition du tableau à 13h30. Elle a tout de suite alerté la police. Je conduisais la seule voiture dans les environs et, comme l'endroit est à 50 kilomètres de la ville, on m'a envoyée ici. Je suis arrivée à 13h35. Le chauffeur était au garage en train de lustrer la limousine. Je lui ai parlé et il a déclaré ne pas être au courant d'un vol car il venait de rentrer de la ville. Ensuite, je suis allée voir la servante", expliqua le sergent Fèmouche.

"Et où était-elle entre 13h00 et 13h30?" demanda Résoutou.

"Elle m'a dit qu'elle était à l'étage, en train de nettoyer, et qu'elle n'a rien entendu. C'est lorsqu'elle est descendue pour chercher des produits de nettoyage

qu'elle a constaté la disparition du tableau et qu'elle a averti la police."

"Je ne me prononce pas à propos de la servante, mais le chauffeur devra en tout cas nous fournir quelques explications supplémentaires", dit Résoutou.

Pourquoi soupçonne-t-il le chauffeur?

L'évadé originaire de Petit-Bourg

Jules Résoutou et son fils, Junior, faisaient un court voyage en car. Ils allaient rendre visite au grand-père Corneille Résoutou qui habitait le village de Petit-Bourg. La radio du car était allumée et il y était toujours question de l'évasion d'un prisonnier, qui avait eu lieu deux jours plus tôt. D'après la description, l'évadé portait une barbe et il était originaire de Petit-Bourg. L'évasion était donc le sujet général de conversation.

Junior examina les autres passagers et dit à voix basse à son père: "Papa, on dit que d'habitude un évadé retourne chez lui. Et s'il était dans ce bus? Qui crois-tu que ce serait?"

Résoutou regarda en arrière, examina rapidement les cinq autres passagers et dit: “Qu’en penses-tu, fils? Je peux déjà en éliminer deux, bien que je ne sois pas tout à fait sûr d’un des deux.”

“Tu veux dire nous deux!” dit Junior.

“Non, je pensais à moi et au chauffeur du car”, répondit Résoutou.

Junior rit et reprit: “Il y a deux femmes. Elles ne comptent pas. L’homme à l’arrière est trop âgé, mais je vois deux hommes plus jeunes. L’un d’eux a une barbe. C’est le suspect n° 1. On dirait que l’autre jeune homme dort.”

“J’aurais choisi l’autre jeune homme”, dit Résoutou.

Pourquoi Résoutou choisit-il le jeune homme endormi?

Johnny Tremplin

Jules Résoutou frappa à la porte de la maison de campagne de Johnny et Julie Tremplin. Personne ne vint ouvrir, mais une voix de femme lui cria d'entrer. Résoutou entra et vit Julie Tremplin, assise près du téléphone dans la cuisine, en train de regarder la mer par la fenêtre. "Il a sauté de la falaise au bout du jardin! Sa tête a heurté les rochers au pied de la falaise. C'est terrible!"

"Votre mari?" demanda Résoutou.

"Oui, Johnny. Il avait l'air énervé. Il est sorti et est resté quelques minutes dans le jardin. J'étais ici dans la cuisine pour faire du café et je pouvais le voir par la fenêtre. Tout à coup, il s'est précipité vers la mer et il a disparu au bord de la falaise! J'étais pétrifiée. Je ne pouvais plus bouger. Puis j'ai pris le téléphone et je vous ai appelé. Je n'ai pas pu bouger de cet endroit. Je suis tout à fait bouleversée", dit-elle.

Résoutou sortit par la porte arrière et alla jusqu'au fond du jardin. Il regarda le pied de la falaise et vit le corps de M. Tremplin gisant sur les rochers. Sa tête avait probablement touché les roches en premier lieu et il était mort sur le coup.

Résoutou retourna à la maison. "Je crois que vous feriez mieux de me raconter toute la vérité, Mme Tremplin."

Pourquoi Résoutou croit-il qu'elle n'a pas dit la vérité?

Un beau matin...

Jules Résoutou s'était levé à l'aube et il était en train de finir son petit déjeuner lorsqu'il reçut un appel téléphonique.

"Allô, ici Luc Pransa-Chance, le majordome de Gérard Bonbougre. Je viens de rentrer dans la maison de M. Bonbougre. Quelqu'un l'a tué et l'a dévalisé!" dit l'homme au téléphone.

Résoutou arriva quelques minutes plus tard et M. Pransa-Chance le conduisit au salon. Le corps de M. Bonbougre gisait par terre et les rayons du soleil inondaient son corps.

"Vous l'avez trouvé comme ça?" demanda Résoutou.

"Oui, il y a vingt minutes, quand je suis arrivé pour travailler. Je traversais le salon et, dans le noir, j'ai trébuché sur le corps. J'ai pris peur, j'ai quitté la pièce et je me suis précipité vers le téléphone, près de la porte d'entrée pour vous appeler", dit Pransa-Chance.

Résoutou examina le luxueux salon, avec ses meubles de cuir, ses rideaux bien attachés devant la grande baie vitrée et sa moquette. Puis il dit: "Aidez-moi à éclaircir ce mystère et dites-moi pourquoi vous avez fait cela."

Pourquoi Résoutou soupçonne-t-il Pransa-Chance?

À l'assaut du cambrioleur

Tommy et Timmy avaient tous deux neuf ans. Ils étaient de vrais jumeaux. Leurs parents ne les laissaient que rarement seuls plus d'une heure ou deux. Ils expliquaient ce qui était arrivé dernièrement quand un cambrioleur avait pénétré dans la maison. Tommy jouait à l'étage avec son train électrique, tandis que Timmy était à la cave où il s'entraînait avec sa carabine à air, lorsqu'ils entendirent un bruit de verre brisé. Tommy se dirigea immédiatement vers l'escalier et il vit le cambrioleur qui s'y engageait. Juste au moment où le malfaiteur regarda vers le haut, Tommy laissa tomber la locomotive de son train électrique exactement sur sa tête. Le cambrioleur tomba en arrière et dégringola des escaliers, criant de douleur.

Timmy, de son côté, remonta de la cave avec sa carabine à air comprimé. Il vit le voleur se relever, il le visa et le toucha en plein milieu du front. Le voleur se prit la tête entre les mains et s'enfuit en criant.

La police trouva un suspect dans un hôpital des environs. Il était blessé au front et avait une forte entaille à la tête. On lui avait mis six points de suture.

"Deux garçons ont chassé un cambrioleur, il y a deux heures environ. Vous répondez à sa description. Nous allons devoir vous interroger", expliqua Résoutou au suspect.

"Je n'ai pas cambriolé de maison et je n'ai jamais vu les deux frères dont vous me parlez. Je suis tombé et je me suis blessé, c'est tout", protesta le suspect.

"Vous venez de fournir une meilleure preuve que vos blessures et les témoins. Votre compte est bon", dit Résoutou.

Quelle est la preuve fournie?

Le hold-up de Roger Ranger

L'employé de banque n'était pas en mesure de donner une description précise du voleur parce que celui-ci portait un masque. Un passant avait cependant vu une voiture s'éloigner de la banque, en avait donné une description et relevé en partie la plaque minéralogique. Deux heures plus tard, un homme était amené au commissariat. Sa voiture et sa plaque correspondaient à la description, mais cette preuve n'était pas irréfutable. On appela donc Résoutou pour qu'il interroge le suspect, Roger Ranger.

"Le hold-up a été commis vers 15 heures", dit Résoutou qui ajouta: "Étiez-vous seul, Ranger?"

"Oui, j'étais seul à la maison. Je n'ai pas commis de hold-up", répondit Roger.

"Pourtant, une voiture comme la vôtre avec environ la même plaque a été vue roulant à grande vitesse, immédiatement après le hold-up", dit Résoutou.

"Il y a beaucoup de voitures pareilles à la mienne, et pas mal de plaques ressemblent à la mienne. Vous ne savez même pas si le témoin a noté correctement le numéro. Écoutez! Reconduisez-moi à cette banque. Vous verrez que l'employé ne me reconnaîtra pas et vous devrez me laisser partir. Vous pourrez alors rechercher le vrai coupable."

"Eh bien," dit Résoutou, "je parie que vous êtes sûr de ne pas être reconnu à cause du masque que vous portiez, mais vous nous avez déjà donné une autre petite preuve."

Quel est le lapsus de Roger Ranger?

Le héros imprudent

Jules Résoutou rencontra l'agent Bralon près des docks du chantier naval. L'agent de police raconta qu'il y avait eu des coups de feu et qu'un homme était mort.

"Vous avez des témoins?" demanda le détective.

"Nous sommes arrivés immédiatement après les faits et nous avons bouclé le secteur. Il y a peu de chance que l'auteur du crime ait eu le temps de s'échapper. Nous avons trouvé deux hommes près du lieu du crime. Ils étaient en train de travailler à deux endroits différents. Ils ont tous les deux entendu les coups de feu. Ils ont accouru et ont trouvé le corps par terre."

Résoutou regarda le cadavre recouvert d'une couverture et dit: "Allons interroger séparément les deux hommes."

Il parla d'abord avec Raphaël Lafrite. "Je travaillais à l'étage de l'entrepôt C quand j'ai entendu des coups de feu. En descendant les escaliers pour voir ce qui se passait, j'ai compté les coups et j'ai attendu d'en avoir compté six. Je savais qu'après la voie serait libre. J'ai vu le corps près des docks. Un autre homme se trouvait à proximité. Je me suis enfui et j'ai appelé la police."

"Nous avons trouvé cinq douilles d'un neuf millimètres sur les quais. Une sixième douille pourrait encore être sur place, ou être tombée à l'eau", dit l'agent Bralon à Résoutou.

L'autre homme était Ben Douvre. "Je me rendais à mon bateau quand j'ai entendu des coups de feu. Je me suis tout de suite rendu ici. J'ai vu le corps et aussi quelqu'un qui s'est enfui vers l'entrepôt quand il m'a aperçu. Je suis retourné au bateau en courant et j'ai appelé la police."

"Eh bien, agent Bralon", dit Résoutou, "Si ces deux hommes étaient seuls à être présents, l'un d'eux doit nécessairement être le meurtrier."

Raphaël ou Ben?

Petite monnaie

•••••••••••••••

Jules Résoutou et son fils Junior, qui faisaient un tour en moto, décidèrent de s'arrêter au commissariat de police pour y saluer leur amie, le sergent Fèmouche.

En entrant dans son bureau, ils virent le sergent en conversation avec un homme chauve qui paraissait tout bouleversé. Dans le coin de la pièce, un jeune homme, inconnu de Résoutou, introduisait des pièces de monnaie dans un téléphone mural. Il avait des menottes aux mains.

"Es-tu occupée?" demanda Résoutou au sergent Fèmouche.

"Oui," répondit-elle, "mais peut-être pouvez-vous m'aider." Elle leur présenta M. Numismate, l'homme chauve assis à son bureau. Puis elle expliqua que la maison de M. Numismate avait été cambriolée et que l'homme au téléphone avait été arrêté dans son jardin. Elle dit qu'il parlait avec son avocat depuis 20 minutes déjà. Elle raconta que des bijoux et une précieuse collection de pièces de monnaie avaient été volés. Les bijoux avaient été retrouvés dans le jardin, mais pas les pièces de monnaie.

"En fait, les pièces de monnaie valent bien plus que les bijoux", expliqua M. Numismate. "Je me suis spécialisé dans les pièces de monnaie anciennes. J'en possède quelques-unes très rares de 1892 et de 1916. Elles valent des centaines de milliers de francs!"

L'homme aux menottes se retourna enfin et dit: “Mon avocat va me sortir d'ici dans quelques minutes!”

“Est-ce que votre avocat habite ici en ville?” demanda Résoutou.

“Oui, c'est le bureau Stocky-Bothy. C'cst à deux pâtés de maisons d'ici.”

“Enregistrez sa déposition, appelez la compagnie du téléphone et allons déjeuner”, dit le détective.

“Quelle preuve avez-vous?” protesta le jeune homme.

“Je peux répondre, si vous voulez”, dit Junior.

Quelle preuve Résoutou et son fils ont-ils?

Imbroglio

Jonathan Niclot parlait avec l'agent Monot lorsque Résoutou arriva. Jonathan était le majordome des Leduc. "M. et Mme Leduc sont en vacances en Europe", expliqua-t-il. "Je surveille la maison. Il y a deux heures environ, j'ai quitté la maison pour faire quelques courses. À mon retour, je me trouvais devant la porte d'entrée lorsqu'un homme armé surgit de l'ombre. Il était grand et élancé. Il tenait un fusil de la main gauche. Je crois que c'était un calibre 38. Il me fit entrer dans la maison, me conduisit au débarras et me ficela. Je l'ai entendu aller et venir pendant une demi-heure. Il a dû charger la voiture de M. Leduc car je l'ai entendu sortir et entrer plusieurs fois. Finalement, j'ai entendu la porte se refermer. J'ai tenté de me libérer, mais je n'y suis pas parvenu. J'ai réussi à me débarrasser du bâillon et je me suis mis à crier à la fenêtre. Un passant m'a entendu et est venu me libérer. J'étais bien content de le voir! Une fois libéré, j'ai alerté la police."

"Connaissez-vous l'homme qui vous a libéré?" demanda Résoutou.

"Non, je ne l'avais jamais vu et il est parti quand il a vu que j'allais bien", répondit Jonathan.

"J'ai bien peur que vous vous soyez emmêlé dans vos propres mensonges, M. Niclot", dit Résoutou.

Pourquoi Résoutou croit-il que Jonathan ment?

Jeanne Denlenoir, une voisine dévouée

Jules Résoutou n'était pas dérangé toutes les nuits pour résoudre des énigmes, pas du tout. Mais parfois, il avait l'impression qu'on l'appelait chaque fois qu'il y avait une tempête la nuit. Et cette nuit-ci, il y avait une fameuse tempête!

L'agent Bralon rencontra Résoutou à la porte et le présenta à Jeanne Denlenoir qui lui expliqua ce qui s'était passé.

"Je surveille la maison pour Florian et Delphine Duris. Ils sont en vacances en Floride pour une semaine. La tempête a provoqué une panne de courant. J'étais à la cave en train de vérifier les plombs quand j'ai entendu du bruit dans la maison. Je suis remontée sur la pointe des pieds et j'ai vu une silhouette qui se déplaçait et prenait des objets. J'étais pétrifiée de peur. L'homme portait le téléviseur vers sa camionnette. J'ai essayé d'appeler la police, mais il faisait trop noir pour pouvoir composer le numéro. J'avais peur que la lumière revienne et qu'il me voit. Je me suis cachée à la cave jusqu'à ce qu'il s'en aille. La lumière est revenue peu après son départ. J'ai tout de suite formé le 101 pour prévenir la police."

"Avez-vous une liste de ce qui a été volé?" demanda Résoutou à l'agent Bralon.

"Une liste partielle", répondit-il. "Nous sommes au

courant du téléviseur, du lecteur de CD et de quelques bijoux. Nous devrons attendre que les Duris soient de retour pour être sûrs", dit l'agent.

"Je suppose que vous n'avez pas bien pu distinguer le malfaiteur", dit Résoutou à Mlle Denlenoir.

"Non, je n'ai pas bien pu le voir dans le noir. J'ai presque passé tout mon temps à me cacher."

"Oui, mais même moi je pourrais donner une vague description de son complice, qui ferait mieux de trouver une bonne explication avant que les Duris ne rentrent de vacances", dit Résoutou.

Que veut-il dire?

Monsieur Foo Yoo Wonce

Jules Résoutou parlait avec son ami, l'inspecteur des assurances, Fred Fraudstop, à propos de différents cas qu'ils avaient résolus.

"Comment fais-tu pour résoudre un cas si rapidement?" demanda Fred à son ami.

"Souvent, il s'agit de bien observer et d'écouter attentivement", expliqua Résoutou. "Parfois il faut faire appel à ses connaissances des gens, des sciences, de la géographie. Parfois il suffit tout juste d'un peu de bon sens."

"Je sais ce que tu veux dire", répondit l'inspecteur des assurances. "Un de mes enquêteurs est un jour venu me voir et m'a annoncé que la compagnie aurait à payer 10 millions de francs pour un bout de papier qui avait été volé dans un coffre-fort."

"Il devait s'agir d'un bout de papier bien précieux", remarqua Résoutou.

"En effet", conti-

nua Fred. "Un certain Monsieur Foo Yoo Wonce était collectionneur d'objets et de documents spéciaux. Il était surtout féru d'histoire de France et des écrivains en particulier. Il collectionnait de vieux livres, des lettres, des documents. Molière était un de ses écrivains préférés. Il avait conclu une assurance spéciale pour sa collection. Un beau jour, il nous appela pour dire qu'il avait été volé. Le voleur n'avait pris aucun livre, probablement parce qu'il n'avait pas idée de leur valeur réelle, suggéra Foo Yoo Wonce. Mais il força le coffre-fort et c'est là qu'il trouva le précieux document, le certificat de naissance de Molière. M. Wonce avait un témoin qui jura avoir vu le certificat de naissance de 1622 mentionnant le nom de Molière. Nous n'avons jamais retrouvé ce document."

"Tu ne t'es jamais trop préoccupé de ce document, n'est-ce pas?" dit Résoutou en souriant à son ami.

Qu'est-ce que Résoutou a voulu dire?

Thierry Larengeur, le transporteur

Le téléphone de Résoutou sonna à cinq heures trente du matin. Ce réveil matinal ne le dérangea pas; il y était habitué.

"Mon bureau a été cambriolé", dit son ami Thierry au téléphone. "Peux-tu me rejoindre à mon entrepôt?"

Résoutou arriva au magasin "Transports Larengeur" avant Thierry Larengeur. L'agent Bralon attendait devant la porte du grand entrepôt. Résoutou remarqua que la porte avait été forcée.

"Nous avons reçu un appel d'un certain Tailécomme", dit l'agent Bralon. "Il a dit qu'il passait en voiture et qu'il a entendu l'alarme. Il a appelé au moyen de son mobilophone. Je viens d'arriver moi-même."

"Est-ce que M. Tailécomme a vu quelque chose?" demanda Résoutou.

"Non. Il a dit que tout paraissait normal quand il est venu voir", dit l'agent Bralon.

Thierry Larengeur arriva et ils entrèrent. Ils marchèrent le long de rangées de grandes boîtes empilées jusqu'au plafond. "Des téléviseurs", dit Larengeur. "On les transporte dans tout le pays."

Ils arrivèrent au fond de l'entrepôt, où se trouvait le bureau de Larengeur. Sa porte était aussi forcée. Ils entrèrent dans le bureau et virent tous les papiers éparpillés par terre. Le coffre-fort mural était ouvert.

"Ils ont aussi forcé celui-ci", dit l'agent Bralon.

"Qu'est-ce qu'il contenait?" demanda Résoutou à Larengeur.

"Il y avait environ 10.000 francs en liquide et mes dossiers de l'année écoulée", dit Larengeur.

"Je ne peux que supposer ce que contenaient ces dossiers que tu voulais faire disparaître", dit Résoutou.

Pourquoi Résoutou croit-il que Larengeur cache quelque chose?

La femme mystérieuse I

Le lieutenant Daynicheur avait appelé Résoutou. Il lui raconta qu'il avait un sérieux problème. On avait tout lieu de croire qu'une femme cambrioleur était en ville. Elle s'était spécialisée dans le cambriolage de coffres-forts et le vol des hôtes lors de soirées chez des gens riches.

"Peux-tu me donner une description de cette femme mystérieuse?" demanda Résoutou.

"Je l'ai rencontré à une soirée, il y a un an environ. Elle était blonde, chargée de bijoux et elle avait un parfum envoûtant d'eau de rose. Mais elle est passée maître dans l'art du déguisement. Elle change tellement bien de couleur de cheveux et de maquillage qu'il est très difficile de la reconnaître", expliqua le lieutenant Daynicheur. Il regarda sa montre et dit: "Une grande soirée est en cours en ce moment. J'aimerais qu'on y aille pour voir s'il n'y a rien de suspect."

En arrivant à la grosse villa, ils virent deux voitures de police, tous phares allumés près de l'entrée.

Lorsqu'ils entrèrent dans la villa, ils se rendirent compte qu'il était trop tard. Le coffre-fort, dans la bibliothèque, avait été vidé. Des bijoux, de l'argent et des papiers de valeur avaient été emportés. Un des agents conduisit les deux hommes vers la bibliothèque. Il ouvrit la porte et ils entrèrent pour constater que le coffre était ouvert et vide.

Ils se regardèrent et dirent en même temps: “C’était bien elle!”

Comment pouvaient-ils savoir qu’il s’agissait bien de la femme cambrioleur dont ils avaient parlé?

La femme mystérieuse II

Le lendemain, tous les journaux relatèrent le vol commis par la mystérieuse femme cambrioleur au parfum d'eau de rose. Résoutou réalisa qu'il avait perdu un indice. Elle n'allait pas commettre l'imprudence d'utiliser le même parfum une nouvelle fois.

Le samedi suivant posait un problème particulier: il y avait deux grandes soirées! Résoutou se rendrait à une soirée tandis que Daynicheur irait à l'autre. Dans chaque maison, un agent de police serait posté devant la porte de la pièce où sont conservés les bijoux et l'argent.

Résoutou circula parmi les invités pour s'assurer d'avoir vu chaque dame. Elles étaient toutes connues de l'hôte et aucune d'elles ne paraissait suspecte. Vers 22 heures, il reçut un appel de la part du lieutenant Daynicheur. La maison venait d'être cambriolée. Résoutou se rendit directement sur place.

Le lieutenant Daynicheur rencontra Résoutou sur le pas de la porte. “J'avais posté un homme devant la porte de la chambre à coucher. Je ne comprends pas comment le voleur a pu passer. Nous avons trouvé l'hôte assommé dans sa chambre.”

Le majordome dit à Résoutou qu'il avait vu son patron monter vers sa chambre en compagnie d'une ravissante blonde habillée de noir. Un peu plus tard, il vit la femme policière descendre l'escalier en courant. Elle lui dit d'appeler la police et se lança à la pour-

suite du voleur en prenant la porte arrière de la villa.

Résoutou, le lieutenant Daynicheur et le majordome se trouvaient dans la chambre à coucher. Daynicheur se rendit à la fenêtre ouverte et regarda dehors. "Trop haut pour sauter", dit-il. Ils entendirent un bruit étouffé en provenance de la penderie.

"Je sais comment elle s'est enfuie, mais veuillez m'excuser à présent. Je dois retourner à l'autre soirée", dit Résoutou en quittant la pièce à toute allure.

Que soupçonne-t-il? Quel est le bruit en provenance de la penderie?

La femme mystérieuse III

Résoutou retourna à toute vitesse à la soirée qu'il avait quittée un peu plus tôt. Il y trouva deux blondes attrayantes qui n'y étaient pas auparavant. Elles étaient toutes deux habillées de noir. L'une portait cependant une robe courte, tandis que l'autre était habillée d'une longue robe de soirée. Résoutou s'adressa à l'hôte et apprit qu'il ne connaissait aucune des deux femmes et qu'elles n'avaient parlé avec personne depuis qu'elles étaient arrivées quelques minutes avant le retour de Résoutou. Il parla aux deux dames.

La femme à la robe de soirée expliqua qu'elle était arrivée en retard à cause d'une crevaison en cours de route. Elle avait dû appeler du secours.

Résoutou se dirigea vers la seconde femme, celle qui portait une robe courte. En traversant le salon, il salua plusieurs personnes qui le connaissaient. Il arriva enfin auprès de la jolie femme, qui était toute seule, et lui demanda pourquoi elle était arrivée si tard à cette charmante soirée. Elle dit qu'elle était partie à temps, mais qu'elle avait dû retourner chez elle à cause d'une déchirure dans sa robe et qu'elle s'était changée. Puis elle s'excusa, prétextant qu'elle devait se rendre aux toilettes. Résoutou la suivit du regard quand elle se fraya un passage parmi les invités et monta les escaliers.

Le détective se retourna et regarda la première femme. Puis il téléphona à Daynicheur. “Je l’ai trouvée”, dit-il.

Comment Résoutou savait-il qui était la coupable?

Duppe et Fore

Résoutou prit l'ascenseur jusqu'au deuxième étage et frappa à la porte de l'appartement n° 216. L'agent Tirobut ouvrit la porte et le laissa entrer. Il présenta Résoutou à deux personnes. Olivier Duppe était grand et bien bâti. Jérémie Fore était petit et maigre et portait des lunettes avec de gros verres. L'agent Tirobut dit que Olivier travaillait dans son club de sports et

que Jérémie était dans l'appartement au moment de l'incident. "Jérémie vous racontera l'histoire", dit l'agent.

"En fait, je venais de rentrer quand j'ai été frappé par derrière et projeté au sol", dit Jérémie. "Il y avait deux hommes dans l'appartement. Ils m'ont immobilisé avant que j'aie pu me relever et un des gars m'a collé un sparadrap sur la bouche. Je suis enrhumé et j'avais même difficile à respirer. Ils m'ont attaché à une chaise et ont pris l'argent dans mon portefeuille. Puis, ils ont ouvert le coffre-fort mural, là derrière la photo de l'amie d'Olivier, et ils ont pris l'argent. Tout s'est déroulé tellement vite. J'étais encore étourdi par le coup sur la tête et j'avais des difficultés à respirer. Les voleurs ne sont restés que trois minutes."

"Je suis arrivé il y a 20 minutes environ et j'ai trouvé Jérémie attaché à une chaise", dit Olivier, en formant la combinaison du coffre mural. "J'ai croisé deux inconnus dans l'escalier, en montant. C'étaient probablement les voleurs." Il tourna plusieurs fois le bouton du coffre et l'ouvrit. Il constata: "En effet, Jérémie, ils ont pris tout l'argent." Il se tourna vers Résoutou et dit: "J'avais 100.000 francs ici. J'allais acheter une voiture d'occasion et le vendeur voulait du liquide. Je comptais aller la chercher dans la journée."

"Je crois que nous n'avons pas entendu toute la vérité", dit Résoutou.

Pourquoi Résoutou croit-il que tout n'a pas été dit?

Zigzags

Résoutou roulait sur un tronçon mal éclairé de la route. Il se rendait à une échoppe pour acheter des hot-dogs. Il dépassa une voiture de police qui avait arrêté une voiture de couleur sombre. Résoutou salua l'agent de police au passage.

En revenant, Résoutou remarqua que la voiture de police et la berline étaient encore toujours au même endroit. Il se demanda s'il pouvait aider et il s'arrêta de l'autre côté de la route. En traversant la rue, il vit que l'agent de police parlait avec une jeune femme et un jeune homme qui paraissait avoir bu.

"Conduite en état d'ébriété?" demanda Résoutou, arrivé à la voiture de police, dans laquelle l'agent rédigeait une contravention à contrecœur.

"Résoutou!" s'exclama l'agent de police en reconnaissant le célèbre détective. "C'est ce que je croyais, mais cette jeune femme prétend que c'était elle qui conduisait, bien qu'elle n'ait pas de permis. Je ne la crois pas. À mon avis, elle essaie d'éviter des ennuis à son petit ami parce qu'il a bu."

"Racontez-moi votre histoire", dit Résoutou à la jeune fille, qui était assise à côté de son ami sur la banquette arrière de la voiture de police.

"Nous étions à une soirée. J'avais demandé à Pitou de ne pas trop boire. Il disait sans cesse qu'il avait chaud et que la boisson le rafraîchissait. Je lui ai dit que s'il buvait, ce serait moi qui conduirais. Il était

d'accord et il m'a donné les clés. Je sais conduire car j'ai souvent vu mon père conduire. J'enfonce la pédale d'embrayage, je tourne la clé de contact, je mets le levier en position 'R' pour 'Rouler' et on démarre. Au début, j'ai zigzagué un peu, mais je suis restée du bon côté de la route. Au moins, on était en sécurité", expliqua-t-elle.

"Agent, vous pouvez dresser procès-verbal pour conduite en état d'ébriété", dit Résoutou.

Pourquoi est-il si sûr le lui?

Vol de motos

Jules Résoutou recouvrit sa tête d'un journal en traversant, sous la pluie battante, le parking devant le magasin 'Max Motos'. L'endroit était tout vide, mis à part quelques bureaux et quelques chaises.

"Il a pris toutes les motos", raconta un homme barbu, assis à l'un des bureaux, au sergent Jessica Fèmouche, en levant les bras au ciel en signe d'incompréhension.

Le sergent Fèmouche se leva en apercevant Résoutou et le présenta à Max Lasselle, le propriétaire.

"Qui est cet homme?" demanda Résoutou en désignant un homme.

"C'est Tom Distrait", dit Max. "Il travaille ici comme vendeur. J'ai trouvé sa carte de crédit par terre, devant la porte. Il l'aura probablement utilisée hier soir pour ouvrir la porte et me voler. Il a dû employer un grand camion et avoir de l'aide. J'aurais dû le renvoyer la semaine passée."

"Il ne travaillait pas bien?" demanda Résoutou en examinant la serrure à verrou de la porte d'entrée.

"Il ne vendait pas grand-chose. Personne ne vendait bien. J'avais déjà des problèmes."

Tom Distrait entra et Résoutou le prit à part pour l'interroger. "Je n'ai rien volé", dit Tom. "Qu'est-ce que je ferais de toutes ces motos? J'ai perdu mon portefeuille et ma carte de crédit la semaine passée. Je croyais les avoir perdus ici au travail, mais je n'ai rien trouvé."

Résoutou se tourna de nouveau vers Max et dit: “Eh bien, Max, je suppose que tu voulais empocher l’argent de l’assurance et puis revendre les motos à bon marché à un receleur, non?”

Pourquoi Résoutou croit-il que Max ment?

Voltage, le grand savant

Le nom de Dan Voltage figurait dans tous les journaux. Ce professeur de sciences au collège de la ville, venait d'inventer un système bon marché pour transformer de l'eau en essence. Il était tout excité et certain que son invention allait lui rapporter des millions de francs. Mais en fait, son nom faisait la une du journal parce qu'il avait été kidnappé.

Résoutou, son fils Junior et le lieutenant Daynicheur étaient chez les Voltage et parlaient à Mme Voltage. Résoutou et son fils assistaient à un match de football dans la pluie quand le lieutenant Daynicheur avait fait appeler le détective. Ils s'étaient rendus immédiatement au domicile des Voltage. "J'étais abasourdie en trouvant cette note quand je suis rentrée", dit Mme Voltage.

Le lieutenant Daynicheur lut la note: "S'il nous donne la formule, on le laisse partir. N'essayez pas de nous trouver."

"Il était encore ici il y a quelques heures, quand je suis partie faire des courses", dit Mme Voltage. "En quittant j'ai vu notre voisin, Brice Démarez et un autre homme entrer chez nous avec leur camionnette."

Résoutou visita chaque pièce de la maison, à la recherche d'indices. Sur la table de cuisine, il vit une bouteille de jus de citron et un verre rempli de limonade. À côté du verre, il y avait un panier contenant des raisins, des bananes et des pommes ainsi qu'une

feuille de papier et un cure-dent. Dans le living, il remarqua un cendrier rempli de mégots. "Est-ce que votre mari fume?" demanda Résoutou.

"Non, il ne fume jamais", répondit Mme Voltage.

"Si quelqu'un peut me donner une allumette, on pourrait retrouver M. Voltage", dit Junior qui se trouvait derrière eux.

Le lieutenant Daynicheur le regarda d'un air intrigué, tandis que Résoutou sourit.

À quoi Junior pensait-il?

Si les poissons pouvaient parler

Jules Résoutou, l'agent Tirobut et quelques amis mangeaient des beignets à une échoppe lorsqu'un appel leur parvint par la radio portable. Un meurtre venait d'être commis. Résoutou prit ses beignets avec lui.

Le directeur fit entrer Résoutou et l'agent dans le luxueux appartement du huitième étage d'un grand immeuble. Tout y était en désordre. Les armoires de la

cuisine étaient ouvertes, les assiettes brisées par terre. Les coussins jonchaient le sol, les chaises étaient renversées. La stéréo émettait de la musique rock et au milieu de la pièce gisait le corps d'un homme, un couteau planté dans le dos. Deux poissons rouges faisaient interminablement leurs petits tours dans leur bocal, tout à fait isolés du monde extérieur. "Si seulement ils pouvaient parler", dit l'agent Tirobut.

Le directeur, M. Atout, dit: "Il s'appelle Donald Trépacé. Il vit ici depuis plusieurs années. Je l'ai trouvé comme ceci, il y a quelques minutes. Il comptait aller à Paris demain, en compagnie de son ami qui a passé quelques jours ici. Il voulait que je surveille son appartement et que je donne de l'eau à ses plantes. J'allais justement lui en parler. Comme il ne répondait pas, j'ai cru qu'il était déjà parti. Je suis entré pour m'en assurer. On dirait qu'il a surpris un cambrioleur en flagrant délit."

"Connaissez-vous son ami parisien?" demanda Résoutou.

"Oui, j'ai son nom et le numéro de sa plaque minéralogique. Nous essayons toujours de savoir qui loge ici."

"Bon", dit Résoutou. "Appelez la police judiciaire au Quai des Orfèvres à Paris", dit-il à l'agent Tirobut. "Il ne s'agit pas d'un cambriolage mais d'un meurtre!"

Comment Résoutou sait-il qu'il ne s'agit pas d'un cambriolage normal?

Le meurtre du lac

Jules Résoutou venait à peine de lancer sa ligne à l'eau qu'un poisson tira si violemment à l'hameçon que la canne à pêche faillit lui sauter des mains.

"Bam! Bam! Bam! Bam! Bam!"

"On dirait des coups de feu", dit son ami, Fred Fraudstop.

Résoutou sentit que son poisson avait lâché prise. "En effet", dit-il, en regardant le lac autour d'eux depuis la petite crique où ils avaient jeté l'ancre. "Allons voir de plus près."

Ils contournèrent un petit promontoire situé près de leur endroit de pêche afin d'avoir une vue complète du lac. Ils virent un homme debout dans un canot, près d'un embarcadère, derrière une grande maison. La maison était entourée de fleurs et d'arbres aux feuilles de toutes les couleurs. Un large escalier de béton menait de la maison à l'embarcadère. En approchant, ils virent un corps penché sur le siège arrière du hors-bord dans lequel se trouvait l'homme.

Résoutou se présenta et déclina son identité. La police arriva rapidement. Dimitri Labarque expliqua que lui et son oncle avaient fait un tour avec son hors-bord. Ils venaient d'arriver à l'embarcadère quand un homme qui s'y trouvait avait tiré sur son oncle. "Il avait un neuf millimètres automatique", dit Labarque. "Il a tiré une fois depuis l'embarcadère, puis a reculi de quelques mètres et a tiré plusieurs coups avant de disparaître derrière la maison.”

“Comment savez-vous qu’il s’agissait d’un neuf millimètres automatique?” lui demanda Résoutou.

“J’en ai un. Je veux dire, j’en avais un. On me l’a volé, il y a un mois environ”, dit Labarque.

Résoutou parcourut l’embarcadère et l’escalier et examina attentivement le sol. “Arrêtez cet homme, agent”, dit-il enfin. “Vous feriez mieux de le fouiller et de passer le hors-bord au peigne fin. Peut-être nous faudra-t-il même des plongeurs.”

À quoi Résoutou pense-t-il?

La dernière promenade

C'était une journée magnifique, idéale pour une promenade dans le bois.

Résoutou releva le col de son manteau et enfonça les mains dans ses poches. Il se trouvait avec l'agent Tirobut dans le Bois de Chiny. Ils regardèrent tous deux le corps d'un homme couché dans un fossé peu profond.

"C'est A. Bienteau", dit l'agent Tirobut. "On dirait qu'il est tombé et qu'il s'est blessé à la tête. Sa femme est dans ma voiture. Elle vient d'identifier le corps. Elle est tout à fait bouleversée. Ils habitent près d'ici, en ville."

"Est-ce qu'un coup sur la tête aurait pu le tuer?" demanda Résoutou.

"Bien sûr, c'est possible. Mme Bienteau a déclaré que son mari était sorti pour promener le chien. Ils s'étaient disputés. Il avait menacé de divorcer. Elle dit qu'il était fâché parce qu'il avait perdu son boulot."

"Qui a trouvé le corps?"

"C'est elle qui l'a trouvé. Elle m'a dit qu'elle était venue à sa recherche parce qu'elle était inquiète."

Ils entendirent aboyer derrière eux et virent un petit braque passer près de la voiture de police. Mme Bienteau sortit de la voiture et appela le chien. Celui-ci devait avoir reconnu sa voix car il obéit. Elle se pencha, attacha la laisse au collier du chien et le caressa. Elle retira son gant pour pouvoir prendre une friandise dans sa poche et la donna au chien.

"Voilà le chien qui vient confirmer son histoire", dit l'agent Tirobut.

"Non, je crains que nous ne puissions croire sa version des faits", dit Résoutou.

Pourquoi Résoutou soupçonne-t-il Mme Bienteau?

Délit matinal

“Regarde-moi ça!”

Petiné, le meilleur ami de Junior Résoutou, était bouleversé. Il montrait son armoire de vestiaire qui était tellement endommagée qu’il n’y avait plus moyen de la fermer. “Quelqu’un a forcé mon armoire et a volé mon blouson.”

Junior examina l’armoire. La serrure avait été forcée au moyen d’un pied-de-biche. Cette opération avait certainement pris du temps. Une bonne douzaine de coquilles de pistaches rouges jonchaient le sol, devant l’armoire. Une ou deux coquilles se trouvaient même dans l’armoire. Une bouteille de limonade vide avait été jetée par terre.

“On dirait que le coupable a cassé la croûte ici pendant qu’il forçait l’armoire”, dit Junior.

“Oui, ces déchets n’étaient pas là avant la classe”, dit Petiné.

“La deuxième heure n’a pas encore commencé, ça s’est donc passé pendant la première heure”, pensa Junior à haute voix.

Ils se rendirent chez le directeur et lui expliquèrent ce qui s’était passé. Celui-ci leur dit que plusieurs armoires avaient été forcées dernièrement. Junior suggéra d’interroger tous les élèves qui n’étaient pas en classe pendant la première heure. Le directeur vérifia les présences et quatre élèves furent envoyés chez lui.

Junior examina les quatre suspects depuis le bureau

du directeur. Il les connaissait tous. Marie Beauté était la plus jolie des filles qui encourageaient leur équipe de foot. Elle devait se refaire une beauté au moins une fois par heure. Alexis Dos, le spécialiste en ordinateurs de l'école, se croisait les doigts. Raoul Raquette avait très mauvaise réputation, mais on ne l'avait jamais pris en train de voler. Il portait des gants de batteur et il battait un air imaginaire à l'aide de ses baguettes. Arthur Joly tapotait un calepin. Aucun des quatre n'avait l'air heureux d'avoir été appelé chez le directeur.

Junior se tourna vers le directeur. "Je crois savoir qui c'est, et je peux le prouver!" dit-il.

Qui? Comment?

Le village de Jeanne-la-Calamité

Junior, assis en passager sur la moto de son père, regarda avec étonnement ce petit village des Ardennes où ils venaient d'entrer. Une grande banderole, tendue en travers de la rue principale annonçait les journées 'Calamité City'.

"On dirait une vraie ville du Far West!" dit Junior.

Résoutou se retourna et dit: "Tout à fait, sauf pour ce qui est des néons et des voitures."

Junior remarqua même des chevaux attachés devant différents endroits comme devant le saloon, où une foule s'était rassemblée. Les phares giratoires de l'ambulance jaune et de la voiture de police ne cadraient pas avec ce décor de Far West. Résoutou s'arrêta, gara sa moto et alla voir ce qui se passait. Il

s'attendait à y trouver son vieil ami, l'officier Sam Sicoups.

Il avait raison et, après de chaleureuses retrouvailles, Résoutou présenta son fils à l'officier de police qui leur expliqua ce qui venait de se passer. Un homme, nommé Fildefer, avait été abattu de dos en face du saloon. Victor Lamotte était la seule personne à avoir vu quelque chose.

"Je me dirigeais vers le saloon, à environ un demipâté de maisons. J'ai vu un homme habillé de noir sortir du saloon, il s'est dirigé vers la droite, puis il a pris son revolver et il a abattu Fildefer au moment où celui-ci mettait le pied à l'étrier pour monter sur son cheval", expliqua Victor en montrant un cheval blanc attaché à une barre à environ 6 mètres de la porte du saloon.

"Pas fameux comme description", dit l'officier Sicoups. "La moitié des hommes de la ville sont habillés de noir à cause des journées 'Calamité City'."

Junior regarda autour de lui, un peu honteux de ne pas avoir remarqué tous les hommes habillés de noir et portant un chapeau blanc. Puis, se ressaisissant, il lança: "Mais nous n'avons pas besoin d'en savoir plus, n'est-ce pas, papa?"

Qu'est-ce que Junior avait trouvé?

Lionel Mesterup

Patty Flosse avait été agressée et volée. “Je revenais du travail et il était environ dix-sept heures”, dit-elle à Résoutou et au capitaine Néon. “Un homme s’est tout à coup approché de moi par derrière, m’a pris par l’épaule et m’a frappé au visage. Il a profité de ma chute pour me prendre mon sac à main. Puis il s’est enfui.”

Elle ajouta qu'elle pourrait certainement reconnaître son agresseur. Le capitaine Néon convoqua au commissariat les voleurs connus des environs pour les interroger.

Patty reconnut immédiatement l'un deux, nommé Lionel Mesterup, comme étant le coupable. "C'est lui", dit-elle.

Le capitaine Néon et Résoutou interrogèrent Lionel dans une autre pièce. "Où étais-tu cet après-midi à 17 heures?" demanda le capitaine Néon.

"Je suis sorti pour me promener", répondit Lionel. "Je n'ai volé personne." Il évita de regarder Résoutou dans les yeux.

"Tu as déjà commis des vols, Lionel. C'est pourquoi nous avons des soupçons quand ça se passe près de chez toi", dit le capitaine Néon.

"Vous vous promenez souvent?" demanda Résoutou.

"Oui, souvent. Je promène mon chien tous les jours. Il a besoin d'exercice. Je promenais mon chien", insista Lionel.

"Combien de temps vous êtes-vous promené?" demanda Résoutou.

"Une heure environ. Je me suis promené pendant une heure environ", répondit Lionel.

"Il ne sera pas difficile de prouver que Lionel est le coupable", dit Résoutou.

Pourquoi?

Coup dans le dos

Jules Résoutou avait été prévenu par téléphone mobile et arriva à la maison de Boris Braillard avant la police. C'était une maison blanche, avec vue sur l'Atlantique. Les fenêtres réfléchissaient les premiers rayons de soleil.

Boris ouvrit la porte et fit entrer le détective. Résoutou se présenta et demanda à M. Braillard de lui expliquer ce qui s'était passé. Boris était petit et avait l'air embarrassé. Il portait un pyjama beaucoup trop grand pour lui. Il paraissait très troublé et s'exprimait difficilement au début. Il conduisit Résoutou à la cuisine, à l'arrière de la maison, et lui montra le corps de

son frère, Vlady, qui gisait par terre. Le pyjama de coton de Vlady était identique à celui de son frère, sauf qu'il avait une large tache de sang, à l'endroit où un grand couteau de cuisine était planté dans son dos.

"Mon frère a été attaqué", dit Boris. Puis il montra la fenêtre ouverte dans le débarras, à côté de la cuisine. Le loquet était brisé et le châssis de la fenêtre était endommagé. "Il est entré par cette fenêtre", dit Boris. "La porte arrière est encore toujours verrouillée."

Résoutou regarda par la fenêtre et vit que le sol était encore mouillé de la pluie nocturne. Il remarqua de grandes empreintes de souliers qui allaient jusqu'à la fenêtre. Il y avait aussi de la boue sur le sol de la cuisine.

"Quelqu'un est entré dans la maison et a tué mon frère ce matin", dit Boris. "D'après les empreintes, il doit s'agir de quelqu'un de grand", ajouta-t-il.

"Avez-vous fouillé la maison?" demanda Résoutou.

"Il n'y a personne", répondit Boris au moment où la sonnette retentit. "Ce doit être la police", dit-il en se dirigeant vers la porte.

"Allez-vous habiller, M. Braillard. La police va vous arrêter et vous emmener au poste."

Pourquoi Résoutou croit-il que M. Braillard sera arrêté?

Babioles

Une vielle clochette retentit quand Résoutou tourna la poignée de la porte et entra dans la vieille bijouterie. Le propriétaire, Zacharie Opale, salua Résoutou d'une poignée de mains. Après trois vols en six mois de temps, le bijoutier commençait à soupçonner son employé. Les trois vols avaient eu lieu au moment où le même employé était seul dans la bijouterie. M. Opale avait demandé à Résoutou d'interroger cet employé.

"Après les deux premiers vols," expliqua l'employé, "j'ai décidé d'emporter mon arme au travail. Je manie assez bien le pistolet et je le porte ici, sous ma veste. Je n'ai pas eu l'occasion de m'en servir. Le voleur avait une arme. Du moins, c'est ce qu'il prétendait. Il avait une main en poche; c'était trop risqué. Si j'avais pu le maîtriser, le vol n'aurait pas eu lieu et j'aurais pu garder mon boulot! Je me souviendrai toujours de lui: il était grand, chauve et il avait une moustache en forme de guidon de bicyclette. Je serai probablement renvoyé maintenant, même si je n'ai rien à voir avec le vol. C'est ma malchance d'avoir été ici au moment du vol."

"Je suppose que le voleur avait un gros butin cette fois-ci", dit Résoutou.

"Oui, deux grands sacs pleins de bijoux! Il avait de la peine à les porter, mais il ne voulait pas les abandonner! On venait de regarnir les stocks, après le der-

nier vol. On avait même un stock supplémentaire en vue d'une vente", expliqua l'employé. "Je ne sais pas quoi faire si je perds cet emploi!"

"Au moins tu auras un endroit pour loger et trois repas par jour", répondit Résoutou.

Qu'est-ce que Résoutou veut dire?

Solutions

••••••••••••••

Les voleurs du VTT rouge (page 6)—Santal savait que c'était un VTT qui avait été volé, alors que personne ne le lui avait dit.

L'enlèvement de Quentin (page 8)—Quentin n'aurait pas pu revenir aussi vite à la maison de son oncle si les ravisseurs avaient ramassé l'argent à 60 km au sud de la ville et s'étaient ensuite rendus avec la rançon à un motel au nord de la ville avant de le libérer. Quentin avait monté cette combine pour soutirer de l'argent à son oncle.

Vol à main armée (page 10)—Bobby avait bien préparé son coup. Il signala le vol de sa voiture. Pendant l'attaque, il tint son arme de la main droite. Puis, quand il crut que personne ne le voyait, il la prit de la main gauche. Il tenta d'utiliser le fait d'être gaucher comme alibi, tout en reconnaissant que le gangster était droitier.

Histoire d'armes (page 12)—Un revolver moderne n'a pas de cran de sûreté.

Les téléviseurs disparus (page 14)—David dit qu'il a vu Tom mettre quelque chose dans le coffre de sa voiture. Or Tom conduit un pick-up qui ne possède pas de coffre. David a donc menti.

Mise en scène au supermarché (page 16)—Résoutou sait qu'un voleur ne prendrait pas le risque d'avoir quelqu'un derrière lui. Le voleur essaie de paraître normal quand Résoutou entre dans le magasin.

Les campeurs (page 18)—Il est peu probable que quelqu'un fasse du camping sans allumettes pour allumer un feu de camp et cuisiner.

Le voleur de l'usine de jouets (page 20)—Le garde prétend qu'il n'a pas pu voir le voleur à cause du soleil dans ses yeux. Or, il se trouvait du côté ouest de l'immeuble et regardait par la fenêtre et le soleil se lève à l'est: il ne peut pas avoir ébloui le garde.

Le suspect à la clé (page 22)—Rémy répond par la phrase: "Je n'ai pas cambriolé son coffre", mais Jean semble savoir qu'une clé a été employée. Il dit: "Je ne saurais même pas quelle clé sert au coffre!"

S'il n'avait pas été dans le bureau, Jean n'aurait pas su que c'était un coffre à clé et pas à combinaison. Jean est le suspect!

Compte les indices! (page 24)
Il ne ferme pas sa voiture à clé pour pouvoir s'enfuir en vitesse.
En s'en allant vers la banque, il vérifie s'il n'y a pas de voiture de police ou autre chose qui pourrait le gêner dans sa fuite.
De la main droite, il maintient le revolver dans sa poche pour qu'il reste bien en place. En cas de nécessité, il peut facilement le retirer.
Il porte des vêtements amples et sa chemise dépasse du pantalon afin de cacher son arme.
Un gangster porte souvent une casquette de base-ball parce que la longue visière cache son visage.
Il baisse la tête en entrant dans la banque pour que la caméra et les témoins ne le distinguent pas bien.
Résoutou dénote une expression de terreur sur le visage de l'employée de banque quand elle lit la note que lui tend le bandit. C'est l'indice le plus net.
L'indice final, qui découle de tous les autres, est le grand sac d'argent.

As-tu trouvé d'autres indices?

Le menteur incendiaire (page 26)—Le voisin prétend ne pas avoir été réveillé par un coup de feu, l'explosion d'une bombe et au moins cinq véhicules de secours avec sirènes et phares giratoires devant sa maison! Voilà assez de raisons pour douter de son honnêteté.

L'affaire Justin Case (page 28)—Justin explique que le voleur s'est dirigé vers lui, l'a pris par le cou et l'a attiré vers lui. Tout ceci s'est passé avant que Justin ne perde ses lunettes! Il aurait donc pu voir son agresseur et en donner une description détaillée.

Des diamants et de l'or (page 30)—Si Léonard était le voleur, il aurait pris les précieuses bagues en or. Quand il est revenu pour cambrioler le magasin, Marc ignorait la présence du précieux lot de bagues et ne l'a pas emporté.

Rouget-Blain, avocats (page 32)—Si M. Blain était assis à son bureau depuis une heure, il aurait fermé la fenêtre et la pluie n'aurait pas formé une flaque dans son bureau.

Dany D. Bernez et Denis Kilafait (page 34)—Denis a dit qu'il ne savait rien à propos du meurtre, mais pourtant il savait que Dany avait été volé!

Vol à l'heure du déjeuner (page 36)—Le chauffeur prétend avoir fait 50 km pour faire laver la voiture en ville. Pourtant, il était à la résidence à 13h30. Il ne peut pas avoir fait 100 km en 30 minutes. Il a donc menti à propos de l'endroit où il se trouvait au moment du vol.

L'évadé originaire de Petit-Bourg (page 38)—Le prisonnier s'est évadé, il y a deux jours. Il a donc dû se raser pour effacer les aspects les plus caractéristiques de sa physionomie.

Johnny Tremplin (page 40)—Si Mme Tremplin est au courant de la blessure à la tête, c'est qu'elle est allée voir au bord de la falaise.

Un beau matin... (page 42)—Pransa-Chance dit avoir trébuché dans le noir, alors que le salon était ensoleillé.

À l'assaut du cambrioleur (page 44)—L'homme sait que les garçons sont frères, uniquement parce qu'il les a vus lors du cambriolage et qu'ils se ressemblent comme deux gouttes d'eau.

Le hold-up de Roger Ranger (page 46)—Si Ranger demande qu'on le "reconduise" à la banque, c'est qu'il y a déjà été... pour le hold-up, bien sûr.

Le héros imprudent (page 48)—Raphaël dit qu'il a attendu d'avoir compté six coups. Il ne connaît pas bien les armes modernes, surtout les calibres neuf millimètres qui sont des armes automatiques: elles tirent au moins huit coups. C'était un acte imprudent de sa part de s'élancer après le sixième coup. S'il était l'auteur du crime, il l'aurait su. Ben Douvre est donc le suspect n° 1.

Petite monnaie (page 50)—Le jeune homme est au téléphone depuis vingt minutes pour un appel zonal. Junior et Résoutou savent qu'il n'aurait pas dû ajouter de monnaie depuis qu'ils étaient entrés dans le bureau. Ils pensent que le voleur est en train de se débarrasser des pièces à conviction. Résoutou demande que la compagnie des téléphones ouvre le réservoir à pièces pour trouver les pièces disparues.

Imbroglio (page 52)—Jonathan a dit que le voleur avait fermé la porte; un passant n'aurait donc pas pu entrer aussi simplement dans la maison.

Jeanne Denlenoir, une voisine dévouée (page 54)—Résoutou soupçonne Jeanne Denlenoir de mentir et d'être la complice du voleur. Quelqu'un qui voit assez clair dans l'obscurité pour se déplacer dans la maison comme elle l'a fait, peut facilement former le 101: le 1 est très facile à trouver.

Monsieur Foo Yoo Wonce (page 56)—Tout le monde sait que Molière est le pseudonyme de Jean-Baptiste Poquelin. S'il y avait un certificat de naissance au nom de Molière dans le coffre, ce ne pouvait donc être qu'un faux sans aucune valeur.

Thierry Larengeur, le transporteur (page 58)—Larengeur a déclaré que son bureau avait été volé, alors qu'il ne pouvait pas en être au courant. Il savait uniquement que l'alarme s'était déclenchée. Il est très bizarre que des voleurs se soient contentés de 10.000 francs et qu'ils n'aient pas emporté des téléviseurs qui valent des milliers de francs. Les dossiers de Larengeur contenaient quelque chose qui devait disparaître, c'est pourquoi il avait mis en scène ce cambriolage.

La femme mystérieuse I (page 60)—La grande soirée et le coffre ouvert sont déjà des indices, mais le principal indice est invisible: c'est le parfum envoûtant d'eau de rose.

La femme mystérieuse II (page 62)—Résoutou a entendu le lieutenant Daynicheur dire qu'il avait posté un "homme" devant la porte de la chambre à coucher, pas une femme comme l'a vu le majordome. Le voleur était certainement la femme portant un uniforme de police. Résoutou craint qu'elle ne se rende à l'autre soirée.

La femme mystérieuse III (page 64)—La première femme a une explication plausible. Elle a probablement utilisé son téléphone mobile pour appeler du secours. La deuxième femme est la cambrioleuse. Aucune des deux femmes n'est connue de l'hôte et n'a parlé aux autres invités. La seconde femme sait cependant parfaitement où se trouvent les toilettes. En voleuse professionnelle, elle s'était renseignée sur la maison avant de s'y rendre. Malheureusement, elle parvient à s'enfuir par une fenêtre du deuxième étage avant que Résoutou n'arrive aux toilettes. Pour comble d'audace, elle a laissé un foulard parfumé... à l'eau de rose!

Duppe et Fore (page 66)—Si Jérémie avait un sparadrap sur la bouche, il n'aurait pas pu communiquer la combinaison du coffre. Mais des inconnus n'auraient pas pu ouvrir le coffre en trois minutes sans connaître cette combinaison. À moins que Jérémie soit leur complice. Il a aidé ses amis à subtiliser l'argent d'Olivier et a joué la comédie pour le reste.

Zigzags (page 68)—La fille dit qu'elle a enfoncé la pédale d'embrayage et mis le levier de vitesse en position 'R', pour 'Rouler'. Or, une voiture qui a une pédale d'embrayage, n'a pas de vitesse automatique marquée 'R', et les voitures équipées d'une boîte de vitesses automatique n'ont pas de pédale d'embrayage!

Vol de motos (page 70)—Max a simulé un cambriolage et a gardé la carte bancaire que Tom avait perdue, pour le faire accuser. Mais il semble ignorer que le truc de la carte de crédit ne fonctionne pas avec les portes munies d'une serrure à verrou.

Voltage, le grand savant (page 72)—Junior sait que Voltage est professeur de sciences. En regardant la table, il s'est souvenu de quelque chose qu'il avait appris. Le jus de citron est une encre invisible et il y a moyen d'écrire avec un cure-dent. En passant une allumette sous le papier, il a fait apparaître les mots 'COTTAGE DES DÉMAREZ'. Le lieutenant Daynicheur a donc envoyé quelques hommes au cottage, dans les montagnes, pour libérer M. Voltage.

Si les poissons pouvaient parler (page 74)—Un cambrioleur professionnel n'aurait pas brisé les assiettes mais aurait pris la stéréo. Les dégâts importants sont une mise en scène pour faire croire qu'il s'agit d'un vol.

Le meurtre du lac (page 76)—Résoutou sait qu'une arme automatique éjecte les douilles. Comme il n'en trouve pas, il suppose que M. Labarque a tiré depuis le canot. Si on ne trouve pas d'arme sur lui ou dans le canot, il l'aura probablement jetée dans le lac.

La dernière promenade (page 78)—Si M. A. Bienteau était allé promener son chien, celui-ci aurait dû avoir toujours sa laisse attachée au collier. Mme Bienteau s'était apparemment fait du souci à propos du divorce et du fait que son mari avait perdu son emploi, et elle avait décidé d'encaisser son assurance-vie.

Délit matinal (page 80)—Junior soupçonne Raoul Raquette qui porte ses gants de batteur pour qu'on ne voie pas les traces rouges des pistaches sur ses mains.

Le village de Jeanne-la-Calamité (page 82)—Victor dit que Fildefer mettait le pied à l'étrier pour monter sur son cheval. Il précise que le tueur s'est dirigé vers la droite en sortant du saloon. Si ces deux éléments sont vrais, un homme qui est sorti de cette façon du saloon ne peut pas avoir tué Fildefer car le cheval se serait trouvé entre l'assassin et Fildefer. Victor a donc menti.

Lionel Mesterup (page 84)—La victime a identifié Lionel, mais elle n'a pas fait mention du chien. Si Lionel a promené son chien vers 17 heures pendant une heure, quelqu'un a dû le voir. Mais si quelqu'un l'a vu sans son chien, c'est la preuve qu'il ment.

Coup dans le dos (page 86)—D'après les traces, quelqu'un semble être entré dans la maison. Mais il n'y a aucune trace en sens contraire, prouvant que cette personne est ressortie! Or, Boris affirme avoir fouillé la maison et n'avoir trouvé personne. De plus, toutes les portes sont verrouillées de l'intérieur. L'assassin est donc dans la maison. Les soupçons de Résoutou se portent alors vers Boris qui a dû utiliser de grandes chaussures pour détourner les soupçons. C'était sans compter sur la perspicacité du professeur Résoutou!

Babioles (page 88)—Résoutou veut dire que l'employé va faire un séjour en prison. Le dernier a probablement menti en disant qu'il n'avait pas eu l'occasion de tirer son arme et de maîtriser le voleur. Résoutou n'a pas compris comment un bandit pouvait porter deux grands sacs et tourner la poignée de la porte sans sortir sa deuxième main de sa poche.